Luis Cruz-Villalobos • Miguel Elías

MELODÍAS ORIENTALES
东方旋律
ORIENTAL MELODIES

Pictopoesía • 诗画 • Pictopoetry

Luis Cruz-Villalobos • Miguel Elías

MELODÍAS ORIENTALES
东方旋律
ORIENTAL MELODIES

Pictopoesía • 诗画 • Pictopoetry

Translated into English
Germain Droogenbroodt

中译
林巧儿/ Lina Moon

•ɔ•
Independently
Poetry
[l u m e n]

Melodías Orientales / 东方旋律 / *Oriental Melodies*
© Luis Cruz-Villalobos (poemas / 诗 / poems, 2017)
© Miguel Elías (pinturas / 绘画 / paintings, 2017)

© Independently Poetry, 2023
Lumen Collection
Waco, TX – Santiago de Chile – Mendoza

Los poemas de esta obra son parte del libro *Poemas 1516. Obra Compilatoria.* Registro de Propiedades Intelectual Nº 274.405.

Todas las pinturas a tinta de estilo sumi-e presentes en este libro son del pintor Miguel Elías. Las que acompañan los poemas fueron realizadas especialmente con este fin.

Translated into English: Germain Droogenbroodt
中译：林巧儿/ Lina Moon

Prólogo: Ignacio López-Calvo
Cuidado editorial de imágenes: Camila Díaz
Fotografía del autor: Isabel Villalobos

ISBN: 9798863904153 (paperback)
ISBN: 9798863897141 (hardcover)

Libro impreso en los Estados Unidos de América

Dedicado a los silenciosos maestros

y a mis ancestros de Cantón.

致沉默的大师们

和我在广东的祖先。

Dedicated to the silent masters

and my ancestors from Canton.

LUIS CRUZ-VILLALOBOS

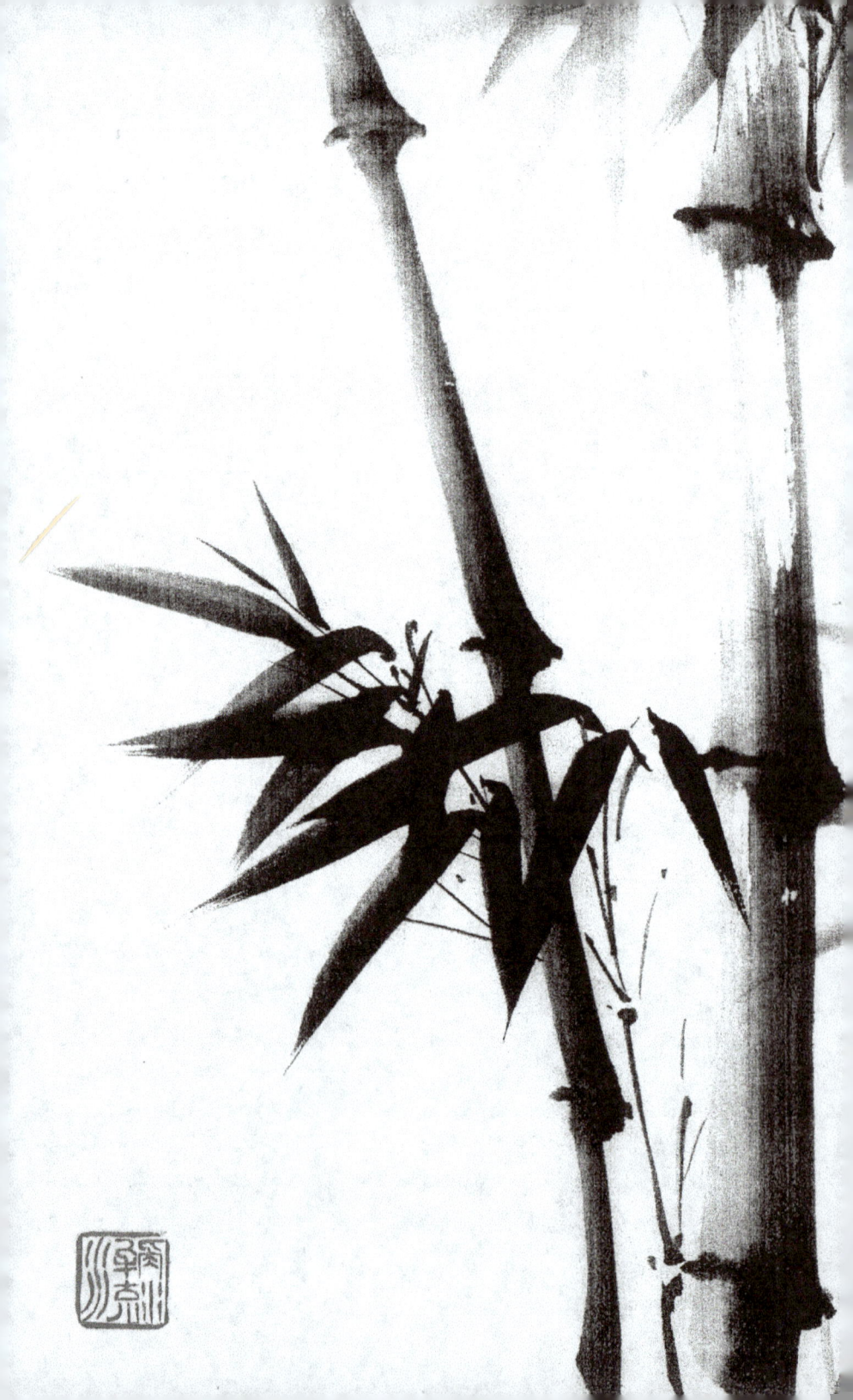

PRÓLOGO
序言
PROLOGUE

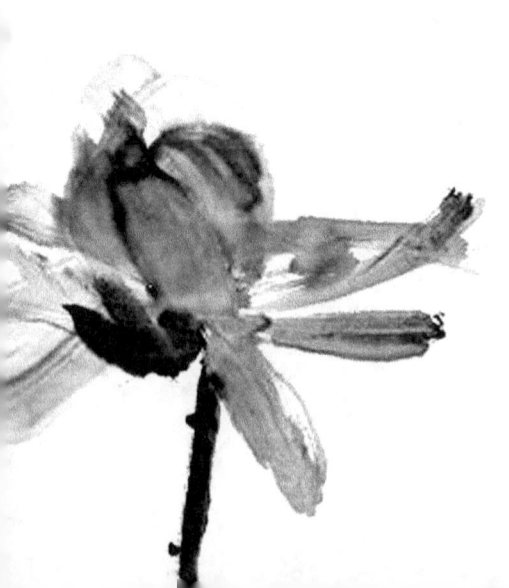

UN CANTO A LA BELLEZA
Y LA SERENIDAD

El poeta sinocubano Regino Pedroso, en su poemario *El ciruelo de Yuan Pei Fu* (1955), trata de recrear un mundo que en realidad le es ajeno: el de su abuelo chino, al que decide imaginarle una vida exótica en la patria ancestral. Con una inspiración de matices filosóficos y nostálgicos similares, pero esta vez imaginando un idealizado mundo de tradición japonesa (se habla de instrumentos japoneses como el shamishen y del shakuhachi), el poemario *Melodías Orientales. Pictopoesía*, escrito por Luis Cruz-Villalobos y acompañado con sugerentes pinturas de inspiración nipona de Miguel Elías, está dedicado a los ancestros cantoneses del poeta.

En el poema que abre la colección se representa la armonía espiritual que ha alcanzado la voz poética gracias a su generosidad. El segundo poema ensueña un encuentro con un ancestro, una mujer que descansa en una estera junto al té humeante en un ambiente de paz y sencillez que absorbe el poeta. En el siguiente la voz poeta encuentra de nuevo satisfacción espiritual, esta vez ensoñando a un ancestro que habla en primera persona y disfruta comiendo humildes frutos del bosque. Otros poemas recrean la ataraxia conseguida por medio de la meditación y de una vida humilde y solitaria en una choza rodeada de naturaleza. Quien nos habla es un monje o anacoreta o ermitaño ciego que perdió a su familia y ahora camina solitario por un bosque, recreándose en la contemplación espiritual, quizás de inspiración budista, de lo efímero en la naturaleza: una mariposa, una gota de rocío, un trinar. Algunos versos recuerdan el hogar y la hermosa esposa perdidos, mientras el poeta toca nostálgicamente instrumentos musicales japoneses en medio de la noche.

Llegado a un punto, la voz poética siente que se convierte en los objetos que observa (una taza, una tetera, un cuenco), así como en la brisa que baja del cerro. Es tal la armoniosa comunicación y comunión con la naturaleza que llega a convertirse en ella, en el objeto de contempla- ción, lo que nos recuerda al concepto que comparten el budismo y el taoísmo sobre la no-dualidad entre el que ve y lo visto, la fusión entre sujeto y objeto. Al final, en el otoño de su vida la voz poética cierra para siempre su choza en el bosque y parte para siempre, pero sin destino concreto: si bien en un principio se plantea sumergirse en el lago o en el bosque, quizás sugiriendo el suicidio, al final se sumerge únicamente en su propia poesía, en los versos de los doce poemas que tenemos delante. Su objetivo es claro: trata de luchar contra el olvido y la nada por medio de la escritura.

El poemario, inspirado en un ensoñado e idealizado mundo asiático, es, al fin y al cabo, un canto a la belleza y serenidad de la naturaleza, a la búsqueda serena de la armonía espiritual con el mundo natural que nos rodea. Los ecos del budismo y el taoísmo se cuelan entre unos versos nostálgicos, sin adornos superfluos y repletos de imágenes elocuentes que inspiran sosiego.

DR. IGNACIO LÓPEZ-CALVO
University of California

一首美丽与宁静之歌

在1955年的詩集《袁培福的梅樹》中，中古巴詩人 Regino Pedroso 試圖再現一個實際上與他無關的世界：他中國祖父的世界，他決定想像他在祖國的異國生活。在濃郁的哲學和懷舊的靈感下，詩集《東方旋律。圖像詩歌》由Luis Cruz – Villalobos 創作，並由 Miguel Elías 提供了啟發性的日本畫作，詩集致力於詩人的廣東祖先。詩集開篇的詩歌表現了詩人的慷慨，達到了精神上的和諧。第二首詩夢見了詩人的祖先，一個女人休息在蒸汽濃煙的茶旁，周圍環境平和而簡單，讓詩人沉浸其中。接下來的詩歌再次展現詩人的心靈滿足，這次他在夢中想象了一位祖先的第一人稱陳述，享受著吃著森林裡的謙卑水果。其他詩歌再現了通過冥想和在一個被大自然所環繞的小屋中過著平和孤獨生活所獲得的安寧。這位詩人是一位盲目的僧侶或隱士，他失去了家人，現在獨自走在森林中，陶醉在對自然中的脆弱，也許是佛教的靈感，蝴蝶，露珠，啼叫聲中的精神反思。有些詩句回憶起失去的家園和美麗的妻子，而詩人在夜晚彈奏著對日本樂器的懷舊樂曲。到達一個境地時，詩人的聲音感覺自己化為所觀察的物體（杯子，茶壺，碗），以及山下的微風。與自然的和諧交流和融合，使他成為被觀察對象，這讓人想起佛教和道教共有的觀點，即觀看者和被觀看物之間的非二元性，主體和客體之間的融合。最後，生命的秋天，詩人永遠地關閉了他在森林中的小屋，永遠地離去，但目的地未知：雖然一開始他打算沉入湖泊或森林，暗示自殺，但最終只沉浸在自己的詩歌中，沉浸在我們眼前的十二首詩中。他的目標很明確：試圖通過寫作來對抗遺忘和虛無。這部受夢想和理想化的亞洲世界啟發的詩集，最終是對自然之美和寧靜的讚美，對我們周圍自然世界平和和諧精神的深切追求。佛教和道教的回聲穿梭在這些充着懷舊且意象豐富的詩句中，激發着人心的寧靜。

IGNACIO LÓPEZ-CALVO 博士

加州大学

A HYMN TO BEAUTY
AND SERENITY

The Sino-Cuban poet Regino Pedroso, in his collection of poems *El Ciruelo de Yuan Pei Fu* (Yuan Pei Fu's Plum-Tree, 1955), tries to recreate a world that is actually foreign to him: that of his Chinese grandfather. Pedroso decides to imagine his grandfather's exotic life in the ancestral homeland. Inspired by similar philosophical and nostalgic nuances, but this time imagining an idealized world marked by Japanese tradition (the poems mention Japanese musical instruments such as the *shamishen* and the *shakuhachi*), the collection of poems *Melodías Orientales* (Oriental Melodies. Pictopoetry), written by Luis Cruz-Villalobos and accompanied by suggestive Japanese-inspired paintings by Miguel Elías, is dedicated to the poet's Cantonese ancestors.

The opening poem echoes the spiritual harmony achieved by the poetic voice thanks to its generosity. The second one dreams of an encounter with an ancestor, a woman resting on a mat next to steaming tea in an atmosphere of peace and simplicity. In the following poem, the poetic voice again finds spiritual satisfaction, this time by dreaming of an ancestor who, speaking in the first person, enjoys eating humble forest fruits. Other poems recreate the ataraxia achieved through meditation as well as through a humble and solitary life in a hut surrounded by nature. The man who speaks to us is a blind monk or anchorite or hermit who, having lost his family, now walks alone through a forest, rejoicing in spiritual contemplation—perhaps of Buddhist inspiration—of the ephemeral in nature: a butterfly, a drop of dew, a trill. Some verses recall the lost home and the beautiful wife while he nostalgically plays Japanese musical instruments in the middle of the night.

At some point, the poetic voice feels as if he becomes the objects he observes (a cup, a teapot, a bowl), as well as the breeze coming down from the hill. Such is the harmonious communication and communion with nature that he becomes it, the object of contemplation.

This is reminiscent of the concept shared by Buddhism and Taoism about the non-duality between the one who sees and what is seen, the fusion between subject and object. In the end, in the autumn of his life, the poetic voice closes his hut in the forest and leaves forever, but without a specific destination: although at first, he considers immersing himself in the lake or in the forest, perhaps suggesting suicidal thoughts, in the end, he immerses himself only in his own poetry, in the lines of the twelve poems before us. His goal seems clear: through his writing, he is trying to fight against oblivion and nothingness.

This poetry collection, inspired by a dreamy and idealized Asian world, is, after all, a hymn to the beauty and peacefulness of nature, to the serene search for spiritual harmony within the natural world that surrounds us. In it, echoes of Buddhism and Taoism slip through nostalgic verses without superfluous embellishments that are full of eloquent images that inspire inner peace.

DR. IGNACIO LÓPEZ-CALVO
University of California

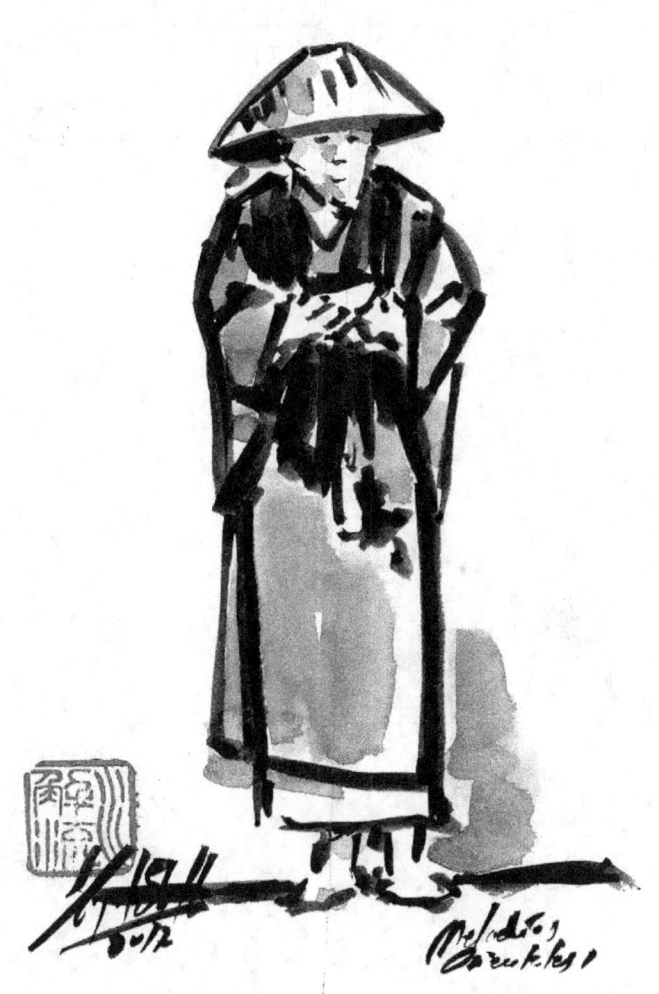

I

Inspiro en un tiempo
Exhalo en dos

我一会儿受到启发
我数两声呼气

I breathe in one breath
Exhale in two

Aquí encuentro el secreto
De la paz de mi cuerpo

在这里，我找到了秘密
那就是我身体里的平和

Here I find the secret
Of my body's peace

Estoy
Muy-tranquilo-y-en-paz

我是
非常平静和安宁

I am
Very-quiet-and-in-peace

Doy más
De lo que recibo

我给予更多
我得到的更少

I give more
Than what I get

Y en esta muerte leve
Existo.

在这轻微的死亡中
我存在。

And in this light death
I exist.

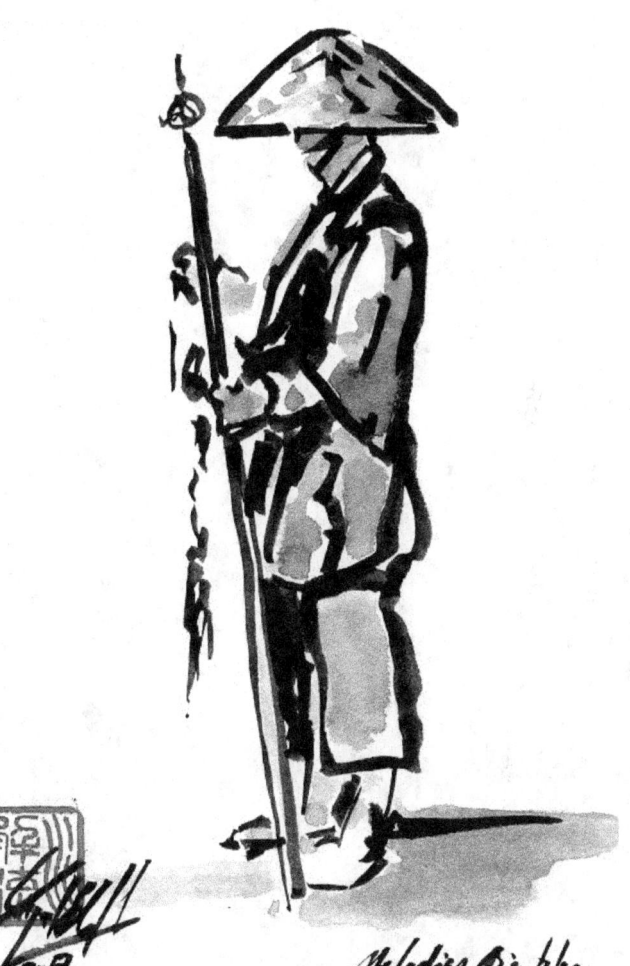

Melodies Brinkley
II

II

Ella dormía
En su choza pobre y húmeda

她睡了
在她那又穷酸又潮湿的茅屋里

She slept
In her poor and humid hut

Yo pasé junto a su pobre ventana
Sin papel de seda
Sólo restos de tela
Que el viento había deshojado

我经过她那简陋的窗户
没有纸巾
只挂着碎布
风，已经把它吹走了

I passed by her poor window
Without tissue paper
Only scraps of cloth
That the wind had blown away

Allí estaba ella
Durmiendo sobre una estera
Cubierta por una leve manta
De colores ocres

她就在那儿
睡在垫子上
盖着一张赭石色
薄薄的毯子

There she was
Sleeping on a mat
Covered by a light blanket
Of ochre colors

Aún humeaba el té
Y pasé
Silencioso

茶水还在冒着热气
我经过那里
但是没有出声

The tea was still steaming
And I passed
Silently

Bebí un sorbo
Suavemente
Respiré los aromas
De la sencillez

我柔柔地
品尝了一小口
我呼吸着那纯然的
香气

I took a sip
Softly
I breathed the aromas
Of simplicity

Y partí lejos
Y triste
Como queriendo no ser
La brisa de otoño.

我去一个很远的地方
伤心
因为我不
想成为秋风

And I departed far away
And sad
As if not wanting to be
The autumn breeze.

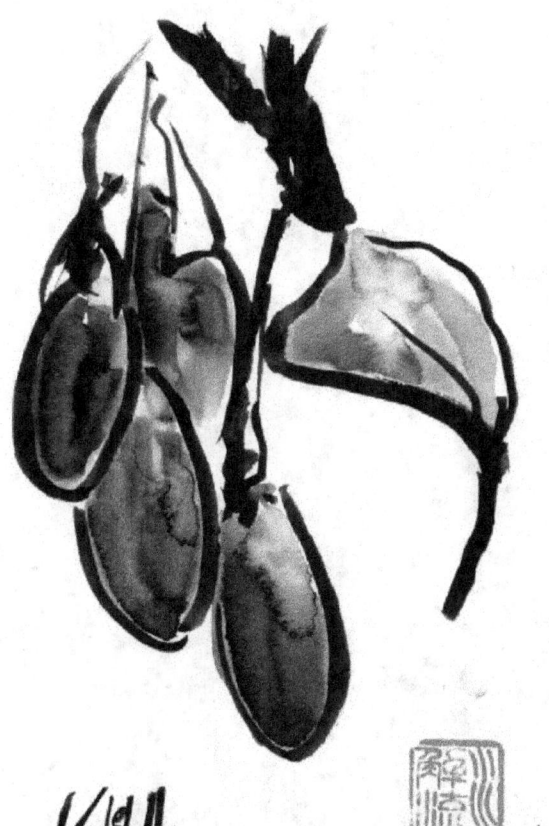

III

Salí a recolectar dulces bayas
Frutos del bosque amable y en penumbras

我出去采甜浆果
柔和的森林在暮色里的果实

I went out to gather sweet berries
Fruits of the gentle forest and in the twilight

Encontré las más dulces
Y las comí de regreso a casa caminando
Junto a la orilla del estero

我找到了那最甜的
我在回家的路上吃了这些水果
沿着河口岸边行走

I found the sweetest ones
And I ate them on my way home, walking
Along the shore of the pool

Cuando entré a mi choza parda
Ya no quedaba ninguna

当我走进我的棕色小屋时
不再有浆果

When I entered my gray hut
There was none left

Sin embargo
Mi corazón estaba saciado

然而
我的心很满足

However
My heart was satiated

Me encontraba listo
Para abrazar la noche.

我准备好了
去拥抱夜晚

I was ready
To embrace the night.

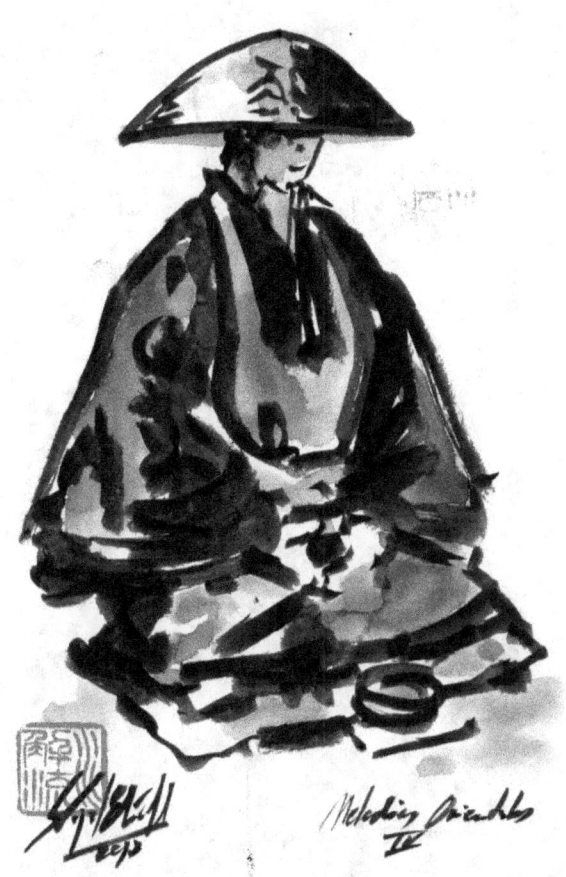

Melodies Orientales
IV

IV

Estaba solo
Llevaba en aquellos verdes parajes
Más de cinco años

起码在五年以前
我独自一人
去过那些绿色的地方

I was alone
I had been in those green places
More than five years

Más de cinco años
Sin encontrarme con nadie
Ni alejarme más de quinientos pasos
A la redonda

在不超过
五百步的
周围
超过五年以上
我没有遇到任何人

More than five years
Without meeting anyone
Nor stray more than five hundred steps
Around

Pero viajaba enormes distancias
Por las lentas estaciones
Velozmente alrededor del sol.

但我长途旅行
当你慢慢地度过季节
我正在围绕太阳快速旅行。

But he traveled vast distances
Through the slow seasons
Swiftly around the sun.

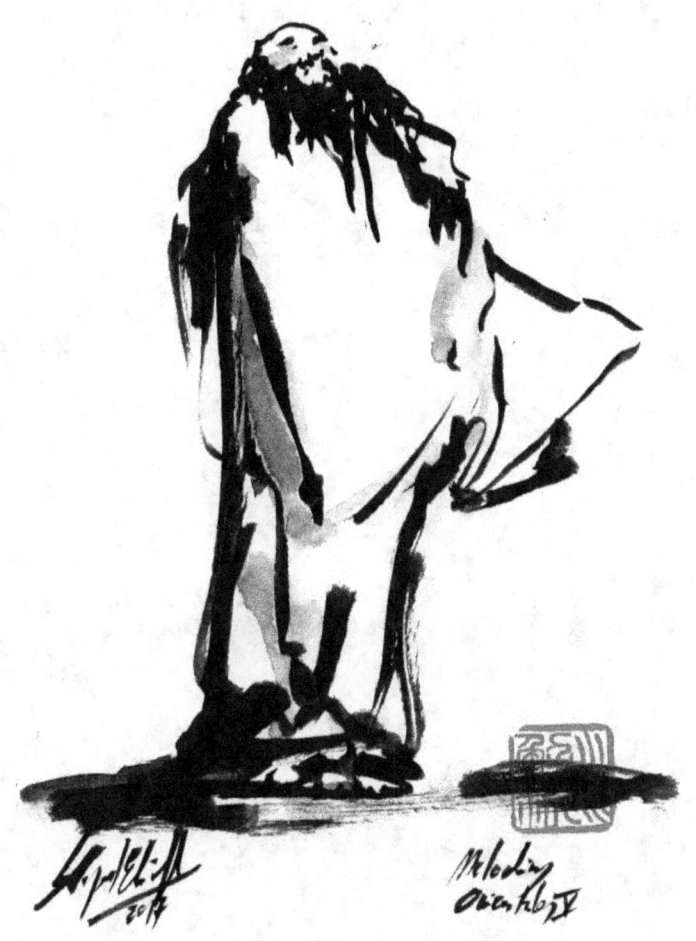

V

Me llamaban el monje
El anacoreta
El ermitaño de la choza parda

他们叫我和尚
孤独的人
住在灰色小屋里的隐士

They called me the monk
The anchorite
The hermit in the grey hut

La gente de la aldea
Que a veces me veía de lejos
Deambulando por las tardes
Entre los senderos del bosque

这就是镇上的人曾经告诉我的
当他远远地看到我时
当我在夜里徘徊时
林间道路之间

The people of the village
Who sometimes saw me from afar
Wandering in the evenings
Among the forest paths

A mí no me importaba
Pues estaba ciego

我不介意
因为我是盲人

I didn't care
For I was blind

Sólo veía lo que hacía palpitar mi pecho
Sólo me detenía en lo que aleteaba
Y se iba volando veloz de mis manos
Sin que lograra alcanzar a poseerlo

我只能看到是什么让我的胸口剧烈跳动
我停在飞翔的东西上
很快就会失去我控制的事情
我不能拥有它们

I could only see what made my chest beat.
I only stopped at what was fluttering
And it flew fast from my hands
Without me being able to possess it

Así como una mariposa
Una gota de rocío
Un trinar
Así como mi nombre verdadero.

像蝴蝶一样
一滴露水
鸟鸣
或作为我的真实姓名

Like a butterfly
A drop of dew
A chirp
Just as my real name

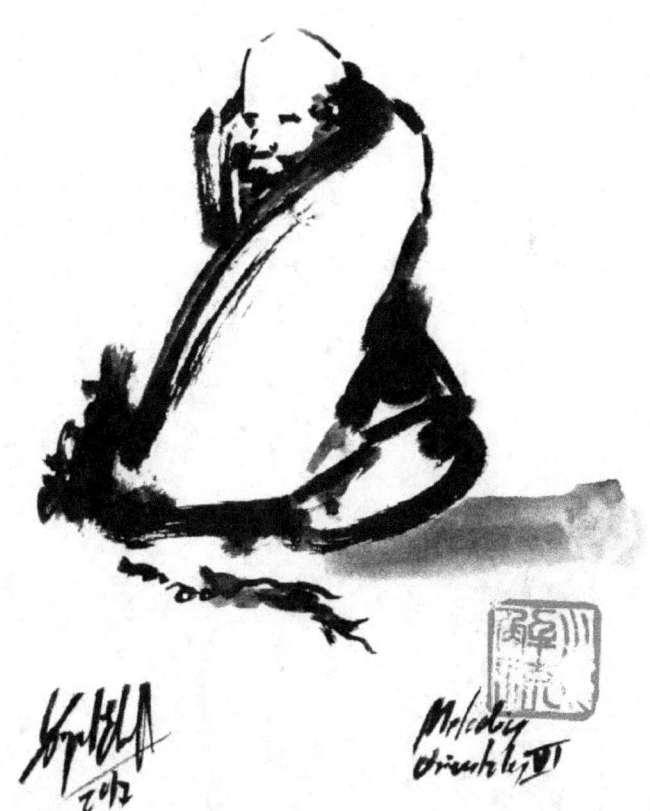

VI

Un día tuve un amor
También leve
También ido
Y varios hijos
Que me abrazaban la vida

很久以前我有过一段爱情
微妙的
短暂的
我也有过孩子
谁拥抱了我的生活

One day I had a love
Also light
Also gone
And several children
Who embraced my life

Hoy estoy solo
A veces triste
A veces luminoso
Así como los colores
De mi paisaje

今天我一个人
我有时感到难过
有时开朗
就像我风景中的颜色一样

Today I am alone
Sometimes sad
Sometimes bright
Just like the colors
Of my landscape

Un día tuve un hogar
Pero ahora soy una especie de niebla
Que se posa sobre los lotos
Los besa
Los deja florecer
Y se va.

很久以前我有一个家
但现在我已是一片迷雾
在莲花中休息
我亲吻他们
我让它们绽放
然后他就离开了。

One day I had a home
But now I'm a kind of mist
That rests on the lotuses
I kiss them
I Let them bloom
And go away.

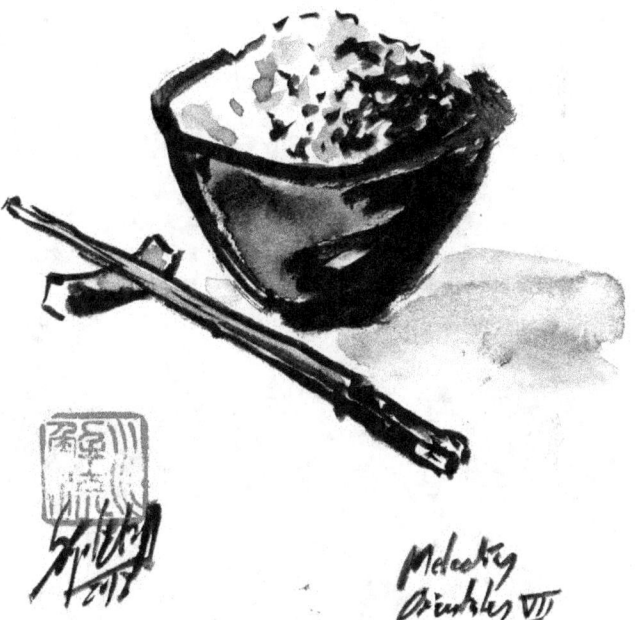

Melody
Brinkley VII

VII

Arroz me dabas
Blanco como tu corazón
Y como tu dulzura

你给我的米饭
像你的心一样洁白
也像你一样甜蜜

Rice you gave me
White as your heart
And like your sweetness

Arroz sin sal
Sólo suavidad amable

无盐米饭
柔软度很好

Unsalted rice
Only gentle softness

Así eran nuestros días
Aquellos años
Cuando yo aún
No era tu fantasma.

那是我们的日子
那些年
我还不是你的鬼魂。

Those were our days
Those years
When I was not yet
Your ghost.

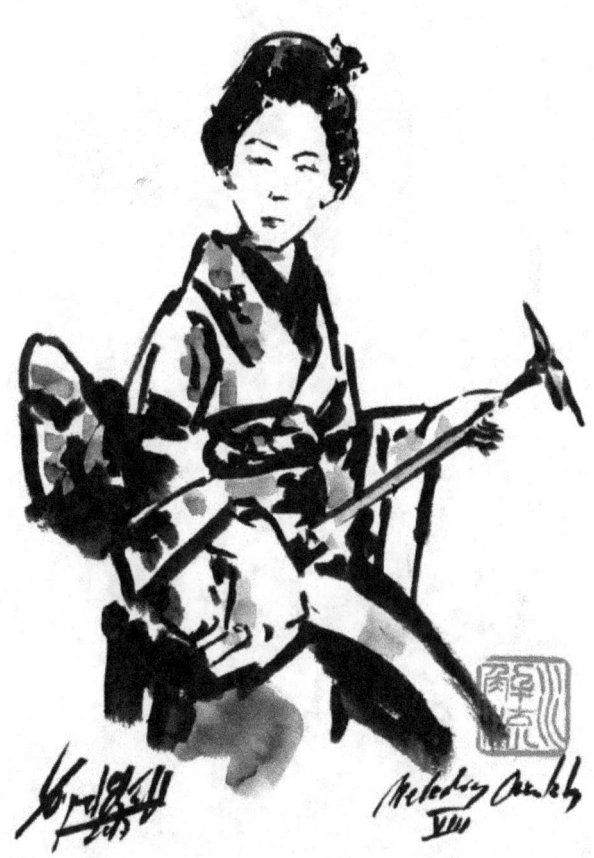

VIII

La *shakuhachi*
Y la *shamisen*
Son mis amigas

竹笛
和三味线
他们是我的朋友

The shakuhachi
And the shamisen
Are my friends

Me acompañan
En medio de la noche
Cuando todo parece
Que se ha ido

在午夜
当一切似乎
都消失了
陪伴我

They accompany me
In the middle of the night
When everything seems
To be gone

Más allá del lago oscuro
Que se asoma
Junto a mi puerta.

黑暗的湖面之外
我能看到什么
从我家门口。

Beyond the dark lake
That looks out
By my door.

El otoño está terminando
Y me esconderé
En el corazón puro del invierno

秋天即将结束
在纯净的冬日的内心里
我会躲起来

Autumn is ending
And I'll hide
In the pure heart of winter

Aunque nadie lo sepa
Aunque nadie lo crea
Aunque nadie logre verlo
Allí estaré.

虽然没有人会知道
虽然没有人会相信
虽然没有人会看到它
我也会去到那里的。

Although no one knows it
Although no one believes it
Although no one can see it
I will be there.

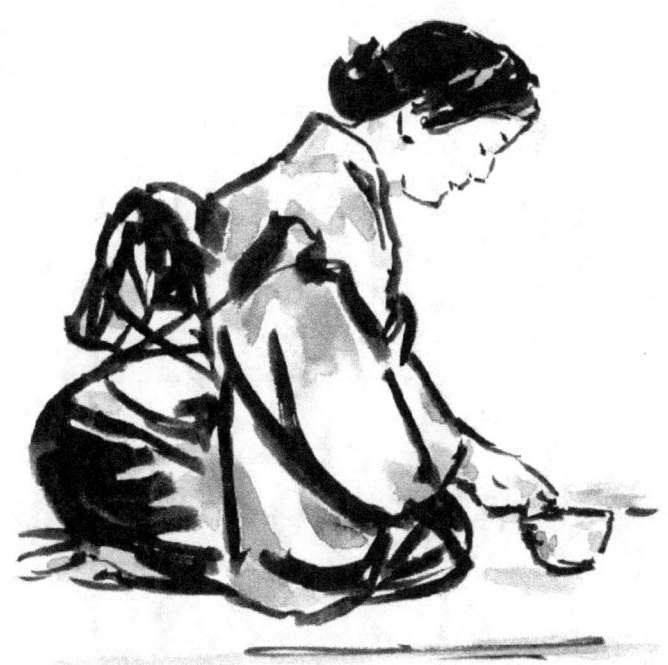
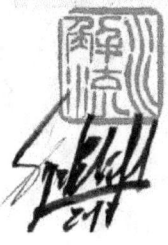

Melodias Orientales
V

X

Una taza de té verde
Una tetera de loza agrietada
Una tasa de arcilla con su esmalte esmeralda
Un cuenco de madera con tiernas verduras
Otro cuenco con arroz blanco y amable

一杯绿茶
一个破裂的粘土茶壶
翡翠釉陶瓷杯
木碗与年轻蔬菜
另一碗白米饭

A cup of green tea
A cracked earthenware teapot
A clay cup with its emerald glaze
A wooden bowl with tender vegetables
Another bowl with white rice and kind

En eso me he convertido

这就是我现在的样子

That is what I have become

También por las tardes
Soy la brisa que baja del cerro.

下午也一样
我是从山间吹来的微风

Also in the afternoons
I am the breeze coming down from the hill.

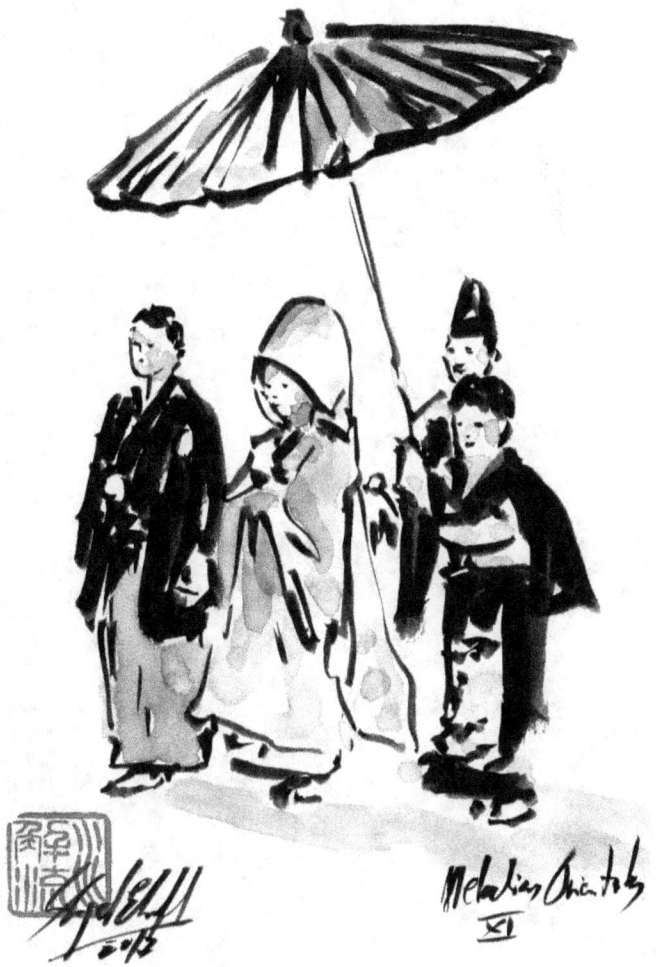

XI

Fui feliz
Besé y acaricié la belleza

很多年前我很幸福
那时我亲吻、抚摸着最美的

I was happy
I kissed and caressed beauty

Besé a mi mujer
Más de mil veces
Con estos labios fugaces

我吻了我的妻子
不止一千次了
用这转瞬即逝的双唇

I kissed my wife
More than a thousand times
With these fleeting lips

Y hoy miro a través de mis ojos
Cansados y quietos
Y no recuerdo
Que mi boca haya rozado
Superficie más bella

今天我用我的眼睛看着
感到又累又安静
我不记得了
我的嘴是否曾经触碰过
更美丽的表面

And today I look through my eyes
Tired and quiet
And I don't remember
That my mouth has ever grazed
A more beautiful surface

Acaricié a mi mujer
Más de mil veces
Con estas manos fugaces

我爱抚我的妻子
不止一千次了
用这转瞬即逝的双手

I caressed my wife
More than a thousand times
With these fleeting hands

Y hoy escucho a través de mis oídos
Cansados y quietos
Y no recuerdo
Que mis dedos hayan rozado
Superficie más bella.

今天我用耳朵听到了
疲惫而安静
我不记得
我的手指是否曾经拂过
一个更美丽的表面。

And today I hear through my ears
Tired and still
And I don't remember
That my fingers have ever brushed
A more beautiful surface.

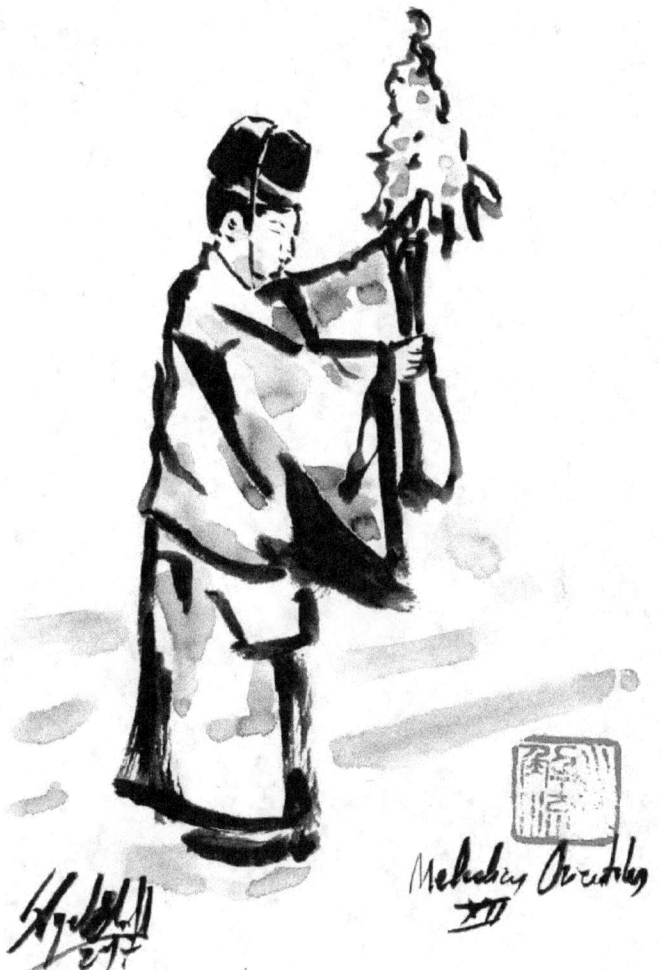

XII

Al final del día
Y de todas las estaciones
Ordené mi choza
Y cerré la puerta desde afuera

在一天要结束的时辰
在所有的季节里的末端
我整理了我的小屋
从外面把门锁上了

At the end of the day
And of all the seasons
I tidied up my hut
And locked the door from the outside

Debía partir
No importaba donde
Pero era por siempre

我得走了
我去哪里并不重要
那是永远

I had to leave
No matter where
But it was forever

Pensé sumergirme en el lago
Pensé sumergirme en el bosque
Pero finalmente decidí sumergirme

我想过跳进湖里
我想潜入森林
但最终我决定沉浸
在这十二首歌中

I thought about diving into the lake
I thought about diving into the forest
But finally
I decided to dive

En estos doce cantos silentes y pequeños
Para así no ser olvidado
Por siempre.

在这十二首无声小歌中
不被遗忘
永远。

In this twelve silent and small songs
So as not to be forgotten
Forever and ever.

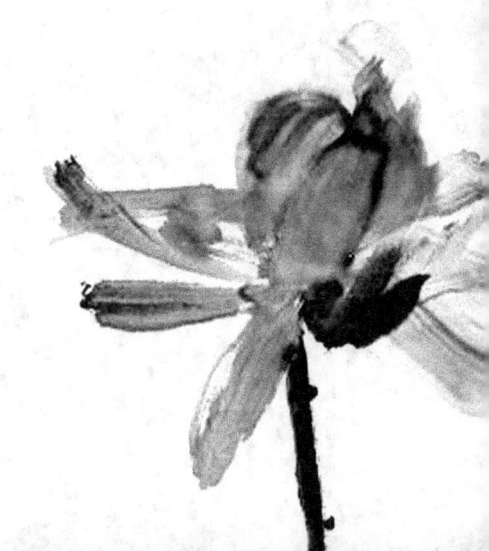

Sobre el Poeta

Luis Cruz-Villalobos, PhD (Santiago de Chile, 1976), es escritor y editor, psicólogo y profesor universitario, con una amplia producción literaria en poesía y ensayos académicos, con más de cincuenta libros publicados. Es especialista, posgraduado en psicología clínica y doctor en filosofía por la Vrije Universiteit Amsterdam, donde se graduó como Doctor en Filosofía. Es miembro de la Sociedad de Escritores de Chile. Entre sus obras poéticas podemos destacar: *Dios Mendigo. Teografías* (2012, con traducciones al inglés y al portugués); *Poesía Teológica / Theological Poetry* (con prólogo del filósofo estadounidense John D. Caputo, 2018); *Como Abrazo Exacto* y *Ven a Mí* (2015 y 2017, antologías seleccionadas por el poeta y profesor de la Universidad de Salamanca, Alfredo Pérez Alencart) y *Con/Cu Cioran* (2017, publicación bilingüe español-rumano, traducida y editada por la poeta y profesora rumana Carmen Bulzan); *Teoría de la Infelicidad / Theory of Unhappiness* (2018 / 2020); *Hombre lleno de flores / Man full of flowers* (2020 / 2022); *Stańczyk. Poema narrativo de un bufón serio* (2022, con traducción al inglés, rumano y polaco) y *Diccionario Poético de Psiquiatría*, escrito junto al psiquiatra y poeta español Luis M. Iruela (2023). En su labor como editor, es el fundador del sello internacional de poesía Hebel Ediciones. Ha editado y publicado obras de grandes poetas como Tagore, Dickinson, Vallejo y Huidobro, entre otros, así como un gran número de obras de poetas contemporáneos de diversos países, tanto reconocidos como nuevos. Recientemente ha iniciado la publicación de una colección bilingüe (inglés-español) de libros de antología de poesía mundial en colaboración con el poeta y editor Germain Droogenbroodt, titulada *Poesía sin Fronteras* / *Poetry without Borders* (2022). En el ámbito académico, cuenta con variados artículos en revistas especializadas, sobre hermenéutica aplicada al ámbito de la psicología, y también respecto a poética y teología protestante. Dentro de sus libros de psicología más recientes se encuentran: *Trauma y Esperanza* (2019), *Key of Posttraumatic Coping* (2020) y *Positive Coping with Trauma* (2021). A fines de 2022, recibió los diplomas de la Academia Tomitana de Rumania como 'Miembro de Pleno Derecho, por su destacada labor literaria y cultural', junto con el 'Premio de Poesía' otorgado por esta institución europea. Y en el año 2023 recibió 'El Premio Especial' del Festival Mundial de Poesía Mihai Eminescu, XII edición, en Craiova, "por hacer que todos sus lectores experimenten la emoción, la meditación y la belleza de la vida a través de la disposición de su discurso poético", junto con la medalla de esta Academia y el diploma personalizado como Embajador Cultural. También recibió en 2023 de la Academia Universalis Poetarum, 'La Corona de Oro de Ovidio', "por su excepcional labor poética".

关于这位诗人

路易斯·克鲁斯-维拉洛波斯，博士（1976年，智利圣地亚哥），是作家和编辑，心理学家和大学教授，在诗歌和学术论文方面有着广泛的创作，出版了五十多本书。他是心理学临床专家，毕业于阿姆斯特丹自由大学获得哲学博士学位。他是智利作家协会的成员。在他的诗歌作品中，我们可以突出以下作品：《乞丐之神。神学》（2012年，包含英文和葡萄牙文的翻译）；《神学诗歌 / Theological Poetry》（由美国哲学家约翰·D·卡普托撰写前言，2018年）；《像确切的拥抱和来我身边》（2015年和2017年，由萨拉曼卡大学诗人和教授阿尔弗雷多·佩雷斯·阿伦卡特选编的选集）和《与库·契奥兰一起》（2017年，西班牙-罗马尼亚双语出版物，由罗马尼亚诗人和教授卡门·布尔赞翻译和编辑）；《不幸理论 / Theory of Unhappiness》2018年/2020年）；《花朵满溢的人 / Man full of flowers》（2020年/2022年）；《斯坦琴 斯基。一个认真小丑的叙事诗》（2022年，包含英文、罗马尼亚文和波兰文的翻译）和与西班牙精神病学家和诗人路易斯·M·伊鲁埃拉合著的《心理学诗歌词典》（2023年）。在他的编辑工作中，他是国际诗歌出版社Hebel Ediciones 的创始人。他编辑和出版了许多伟大诗人的作品，如泰戈尔、狄更斯、巴列霍等，以及来自不同国家的许多当代诗人的作品，无论是已知的还是新人。最近，他与诗人和编辑杰尔曼·德鲁亨布鲁特合作，开始出版双语（英语-班牙语）的世界诗歌选集系列，题为《无国界诗歌 / Poetry without Borders》（2022年）。在学术领域，他在专业杂志上发表了多篇文章，涉及到心理学领域的解释学，以及诗学和新教神学。在他最近的心理学书籍中，包括：《创伤与希望》（2019年）、《创伤后应对的关键》（2020年）和《积极应对创伤》（2021年）。2022年底，他获得了罗马尼亚Tomitana学院的"全权会员"证书，以表彰他在文学和文化领域的杰出贡献，以及这个欧洲机构颁发的"诗歌奖"。2023年，他获得了第12届Mihai Eminescu世界诗歌节的"特别奖"，因为他通过其诗歌作品的表达方式使所有读者都能体验到生活的情感、沉思和美感。同时，他还获得了该学院的奖章以及个性化的文化大使奖状。同年，他还获得了Universalis Poetarum学院颁发的"奥维迪奥金 冠"奖，以表彰他在诗歌方面的杰出成就。

About the Poet

Luis Cruz-Villalobos, PhD (Santiago de Chile, 1976), is a writer and editor, psychologist and professor, with an extensive literary production in poetry and academic essays, with more than fifty published books. He is a specialist, postgraduate in clinical psychology, and doctor of philosophy (Vrije Universiteit Amsterdam). He is a member of the Society of Writers of Chile. Among his poetic works we can highlight: *Dios Mendigo. Teografías* (2012, with translations into English and Portuguese); *Poesía Teológica / Theological Poetry* (with prologue by the North American philosopher John D. Caputo, 2018); *Como Abrazo Exacto* and *Ven a Mí* (2015 and 2017, anthologies selected by the poet and professor of the University of Salamanca, Alfredo Pérez Alencart) and *Con/Cu Cioran* (2017, bilingual Spanish-Romanian publication, translated and edited by the Romanian poet and professor Carmen Bulzan); *Teoría de la Infelicidad / Theory of Unhappiness* (2018 / 2020); *Hombre lleno de flores / Man full of flowers* (2020 / 2022); *Stańczyk. Narrative poem of a serious jester* (2022, with version into Spanish, English, Romanian, and Polish) and *Diccionario Poético de Psiquiatría*, written together with the Spanish psychiatrist and poet Luis M. Iruela (2023). In his work as an editor, he is the founder of the international poetry label Hebel Ediciones. He has edited and published works by great poets such as Tagore, Dickinson, Vallejo and Huidobro, among others, as well as a large number of works by current poets from various countries, both renowned and new. He has recently started the publication of a bilingual collection (English-Spanish) of world poetry anthology books together with the poet and editor Germain Droogenbroodt, entitled *Poetry without Borders / Poesía sin Fronteras* (2022). In the academic field, he has published several articles in specialized journals on hermeneutics applied to the field of psychology, and also on poetics and Protestant theology. Among his most recent psychology books are: *Trauma y Esperanza* (2019), *Key of Posttraumatic Coping* (2020); and *Positive Coping with Trauma* (2021). At the end of 2022, he received diplomas from the Tomitana Academy of Romania as a 'Full Member, for his outstanding literary and cultural work', along with the 'Poetry Prize' awarded by this European institution. And in the year 2023, he received 'The Special Prize' of the Mihai Eminescu World Poetry Festival, XII edition, in Craiova, "for making all his readers experience the emotion, meditation, and beauty of life through the arrangement of his poetic discourse", along with the medal from this Academy and the personalized diploma as a Cultural Ambassador. He also received in 2023 from the Academia Universalis Poetarum, 'The Golden Crown of Ovid', 'for his exceptional poetic work'.

SOBRE EL PINTOR
关于这位画家
ABOUT THE PAINTER

Miguel Elías nació en Alicante (1963). Licenciado y Doctor en Bellas Artes por la Universidad de Salamanca. Desde 1993 ejerce como profesor de Artes Plásticas y Visuales. Actualmente en la Universidad de Salamanca (USAL). Ha obtenido diversos premios y reconocimientos (el Premio del Certamen Internacional de Grabado del Museo de Arte Moderno de Tokio, el Mini Print Internacional de Cadaques, el Premio de Pintura del Ayuntamiento de Burgos, o la Mención de la Muestra de Arte Actual de la Diputación de Granada...). Ha realizado numerosas exposiciones individuales y colectivas (más de ochenta, entre 1983 y 2005). Ha ilustrado libros de poetas como José Hierro, J. H. Tundidor, Francisco Brines, Victoriano Crémer, A. P. Alencart, António Salvado, Ramón Palomares, Alfonso Ortega o J. L. Fuentes Labrador, entre otros.

米格尔·埃利亚斯出生于阿利坎特（1963年）。他在萨拉曼卡大学获得美术学士和博士学位。自1993年起担任视觉艺术和美术教授，目前在萨拉曼卡大学任教。他获得了多个奖项和荣誉（包括东京现代艺术博物馆国际版画比赛奖、卡达克斯国际小版画奖、布尔戈斯市绘画奖以及格拉纳达省现代艺术展览提名等）。他举办了众多个展和联展（在1983年至2005年期间，超过八十次）。他为许多诗人的作品绘制插图，其中包括何塞·伊耶罗、J. H. 唐迪多尔、弗朗西斯科·布里内斯、维克托里亚诺·克雷默、A. P. 阿伦卡特、安东尼奥·萨尔瓦多、拉蒙·帕洛马雷斯、阿方索·奥尔特加以及J. L. 富恩特斯·拉博拉多尔等。

Miguel Elías was born in Alicante (1963). He holds a Bachelor's and a Doctorate degree in Fine Arts from the University of Salamanca. Since 1993, he has worked as a professor of Visual Arts and Fine Arts, currently at the University of Salamanca (USAL). He has received various awards and recognitions (including the Prize of the International Printmaking Contest of the Museum of Modern Art in Tokyo, the International Mini Print of Cadaques, the Painting Prize of the City Council of Burgos, and the Mention of the Exhibition of Contemporary Art of the Diputación de Granada...). He has held numerous solo and group exhibitions (more than eighty, between 1983 and 2005). He has illustrated books for poets such as José Hierro, J. H. Tundidor, Francisco Brines, Victoriano Crémer, A. P. Alencart, António Salvado, Ramón Palomares, Alfonso Ortega, and J. L. Fuentes Labrador, among others.

Lina Moon, destacada poeta, letrista y traductora, tiene más de 20 años de experiencia en la traducción chino-inglés y es editora invitada de la publicación trimestral multilingüe "Centro Internacional de Investigación de Traducción de Poesía". Escribe, reseña y traduce poesía métrica y poesía moderna, y ha publicado un gran número de ellas en más de 70 revistas nacionales y extranjeras. Ha ganado numerosos premios en diferentes concursos de poesía como la "Copa Montaña Renzu".

林巧儿, 优秀女诗人女词人、翻译家, 二十多年中英互译经验, 是多语种季刊《国际诗歌翻译研究中心》客座总编。她写作、评论、翻译格律诗词和现代诗、并大量发表在中国、美国等国内外七十多家刊物上。她多次获得不同诗赛奖项如"人祖山杯"等。

Lina Moon, is an outstanding poetess and translator with over 20 years of experience in translating between Chinese and English. She is the guest-editor in chief of the multilingual quarterly International Center of Poetry Translation and Research. She mainly works on creation, comment, translation of modern poetry and Chinese traditional metrical poetry, and many of these works have been published in more than 70 newspapers and periodicals in China, the USA, and other places. She has won some awards in various poetry competitions, such as the "Renzu Mountain" Cup.

Germain Droogenbroodt, poeta belga (flamenco), afincado desde el año 1987 en Altea, España. Es traductor, editor y promotor de la poesía moderna mundialmente. Sus poemarios han sido publicados en más de 30 países. Es ganador de más de una docena de premios internacionales por su obra poética. Fue recomendado al Premio Nobel de Literatura el año 2017.

杰尔曼·德鲁亨布鲁特，比利时诗人（弗拉芒），自1987年定居于西班牙的阿尔泰。他是一位全球现代诗歌的翻译家、编辑和推动者。他的诗集已在30多个国家出版。他因其诗歌创作获得了十几个国际奖项。他于2017年被推荐为诺贝尔文学奖候选人。

Germain Droogenbroodt, Belgian poet (Flemish), settled in Altea, Spain since 1987. He is a translator, editor, and promoter of modern poetry worldwide. His poetry collections have been published in more than 30 countries. He is the winner of over a dozen international awards for his poetic work. He was nominated for the Nobel Prize in Literature in 2017.

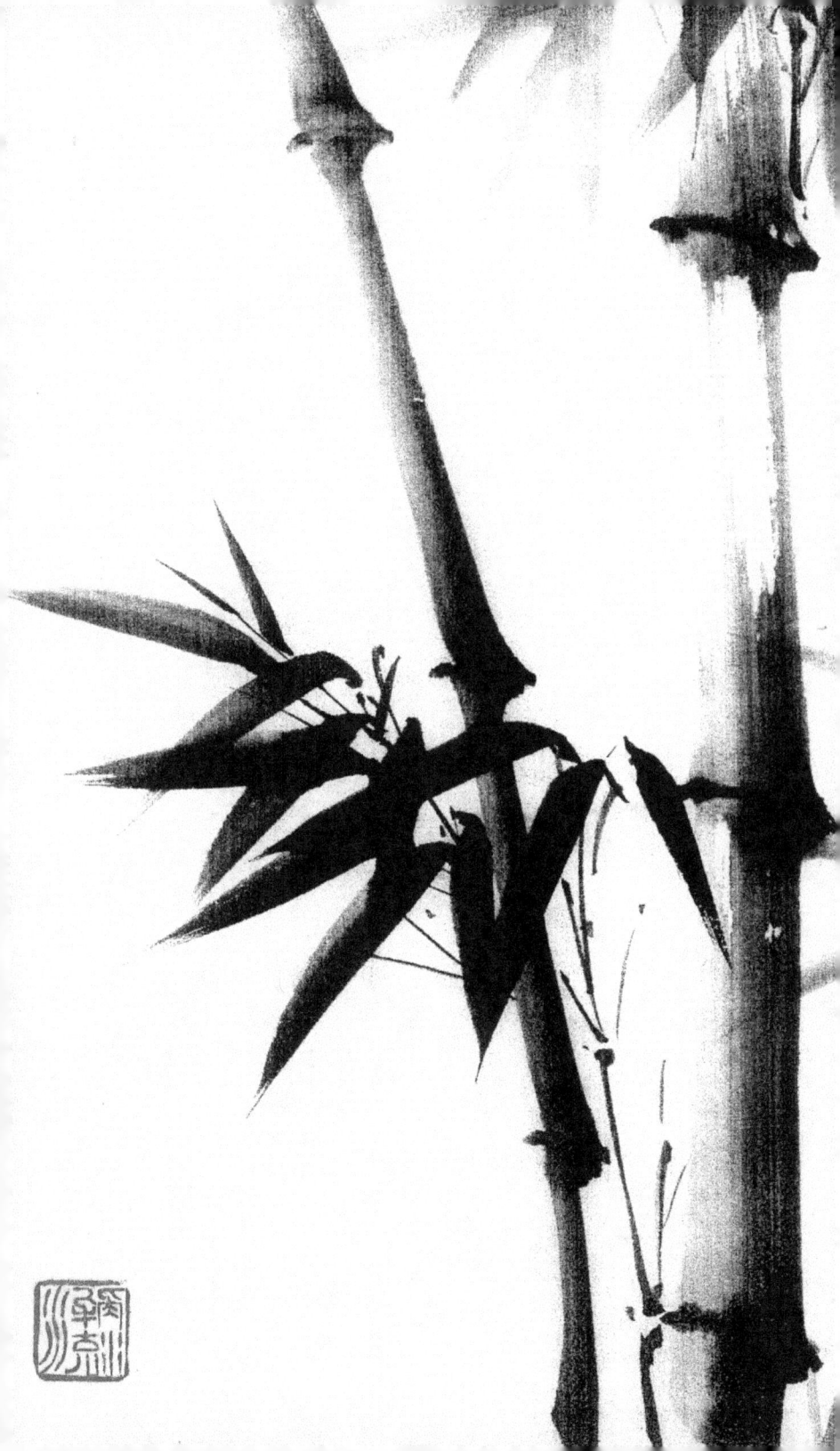

Libro
editado en el sur
del mundo durante el invierno de 2023.
2023*年冬季在南半球编辑出版的书籍。*
Book edited in the southern hemisphere
during the winter
of 2023.

LXV

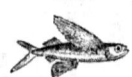

ÍNDICE / 指数 / INDEX

V

Me llamaban el monje

他们叫我和尚

They called me the monk

VI

Un día tuve un amor

很久以前我有过一段爱情

One day I had a love

VII

Arroz me dabas

你给我的米饭

Rice you gave me

VIII

La *shakuhachi*

竹笛

The shakuhachi

IX

Vengo a despedirme

我是来告别的

I come to say goodbye

X
Una taza de té verde
一杯绿茶
A cup of green tea

XI
Fui feliz
很多年前我很幸福
I was happy

XII
Al final del día
在一天要结束的时辰
At the end of the day